January

Mo	Tu	We	Th	Fr
1	2	3	4	5
8	9	10	11	12
15	16	17	18	19
22	23	24	25	26
29	30	31		

February

Mo	Tu	We	Th	Fr
			1	2
5	6	7	8	9
12	13	14	15	16
19	20	21	22	23
26	27	28	29	

March

Mo	Tu	We	Th	Fr
				1
4	5	6	7	8
11	12	13	14	15
18	19	20	21	22
25	26	27	28	29

April

Mo	Tu	We	Th	Fr
1	2	3	4	5
8	9	10	11	12
15	16	17	18	19
22	23	24	25	26
29	30			

May

Mo	Tu	We	Th	Fr
		1	2	3
6	7	8	9	10
13	14	15	16	17
20	21	22	23	24
27	28	29	30	31

June

Mo	Tu	We	Th	Fr
3	4	5	6	7
10	11	12	13	14
17	18	19	20	21
24	25	26	27	28

July

Mo	Tu	We	Th	Fr
1	2	3	4	5
8	9	10	11	12
15	16	17	18	19
22	23	24	25	26
29	30	31		

August

Tu	We	Th	Fr
		1	2
5	6	7	8	9
12	13	14	15	16
19	20	21	22	23
26	27	28	29	30

September

Mo	Tu	We	Th	Fr
2	3	4	5	6
9	10	11	12	13
16	17	18	19	20
23	24	25	26	27
30				

October

Mo	Tu	We	Th	Fr
	1	2	3	4
7	8	9	10	11
14	15	16	17	18
21	22	23	24	25
28	29	30	31	

November

Mo	Tu	We	Th	Fr
				1
4	5	6	7	8
11	12	13	14	15
18	19	20	21	22
25	26	27	28	29

December

Mo	Tu	We	Th	Fr
2	3	4	5	6
9	10	11	12	13
16	17	18	19	20
23	24	25	26	27
30	31			

Important notes

Important notes

Important notes

Important notes

Important notes

Important notes

Important notes

Important notes

Important notes

Important notes

Important notes

Important notes

Important notes

Important notes

Important notes

Important notes

Important notes

Important notes

Important notes

Important notes

Important notes

Important notes

Important notes

Important notes

____

____

____

____

____

____

____

____

____

____

Important notes

Important notes

Important notes

Important notes

Important notes

Important notes

Important notes

Important notes

Important notes

Important notes

Important notes

Important notes

Important notes

Important notes

Important notes

Important notes

Important notes

Important notes

Important notes

Important notes

Important notes

Important notes

Important notes

Important notes

Important notes

Important notes

Important notes

Important notes

Important notes

Important notes

Important notes

Important notes

Important notes

Important notes

Important notes

Important notes

Important notes

Important notes

Important notes

Important notes

Important notes

Important notes

Important notes

Important notes

Important notes

Important notes

Important notes

Important notes

Important notes

Important notes

Important notes

Important notes

Important notes

Important notes

Important notes

Important notes

Important notes

Important notes

Important notes

Important notes

Important notes

Important notes

Important notes

Important notes

Important notes

Important notes

Important notes

Important notes

Important notes

Important notes

Important notes

____

____

____

____

____

____

____

____

____

Important notes

Important notes

Important notes